flower fairies

COLORING BOOK

by amanda kastner

colored by _____

amanda Kastner 2022

amanda kastner 2022

Amanda Kastner 2022

© Amanda Kesther 2022

Amanda Kastner 2022

Amanda Kasther 2022

Amanda Kastner 2022

Amanda Kastner 2022

Amanda Kastner 2022

Amanda Kastner 2022

Amanda Kastner 2022

Amanda Kastner 2022

Amanda Kastner 2022

Amanda Kastner 2022

Amanda Kastner 2022

Amanda Kastner 2022

Amanda Kastner 2022

Amanda Kastner 2022

Amanda Kastner 2022

Amanda Kastner 2022

Amanda Kostner 2022

Amanda Kastner 2022

Amanda Kasther 2022

Amanda Kastner 2022

more coloring books by amanda kastner

Flower Fairies Coloring Book

For more information, please visit:

www.StorySeamstress.com

www.ingramcontent.com/pod-product-compliance
Lightning Source LLC
Chambersburg PA
CBHW060259030426

42335CB00014B/1772